MÉMOIRE

SUR

LA MÈRE D'APIS

PARIS. — IMPRIMERIE DE J. CLAYE
RUE SAINT-BENOIT, 7

MÉMOIRE

SUR

CETTE REPRÉSENTATION

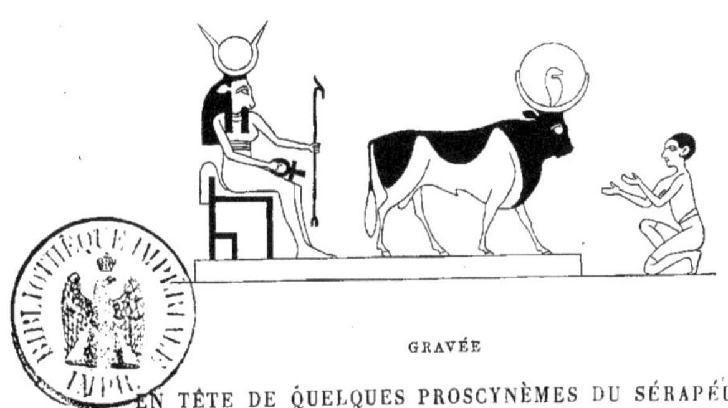

GRAVÉE

EN TÊTE DE QUELQUES PROSCYNÈMES DU SÉRAPÉUM

OU L'ON ÉTABLIT :

1° Que la vache associée au culte d'Apis n'est pas une Hathor;
2° Qu'elle n'est pas une vache mystique;
3° Qu'elle n'est pas non plus une compagne favorite de ce dieu;
4° Qu'elle est une mère d'Apis.

PAR

M. AUG. MARIETTE

PARIS
GIDE ET J. BAUDRY, ÉDITEURS
5 RUE BONAPARTE
1856

Je ne donne pas le petit travail qu'on va lire comme la solution de toutes les difficultés que fait naître le dogme d'Apis. Si, comme je le pense, ce dogme tient par ses racines aux mystérieuses profondeurs de la philosophie égyptienne, il faut, pour en bien établir l'ensemble, autre chose qu'une humble brochure. Le Mémoire sur la Mère d'Apis n'a donc pas, dans mon intention, la portée d'une monographie complète et raisonnée du taureau divinisé de Memphis. C'est un simple programme destiné à présenter l'ébauche d'un sujet que j'essaierai plus tard d'approfondir; c'est un premier pas sur un chemin tout nouveau que nous connaissons à peine, et dont des études plus sérieuses nous permettront seules d'apprendre tous les détours. — Quant au fond même de la question qui nous occupe, on y trouvera, je l'espère, les éléments d'une intéressante comparaison à faire entre les dogmes de la vieille Égypte, et ceux du Néoplatonisme et de la Gnose. On y verra que plusieurs écoles philosophiques célèbres n'eurent pas en vain pour foyer l'une des capitales de l'Égypte grecque et romaine; on y verra aussi que Basilide et Plotin firent plus d'un emprunt aux doctrines enseignées dans les sanctuaires qu'habitait Apis. Si je puis intéresser le lecteur à ces graves débats et montrer que le dogme caché derrière l'étable d'Apis est de ceux que la science ne doit pas dédaigner, j'aurai atteint mon but.

MÉMOIRE

SUR

UNE REPRÉSENTATION

GRAVÉE EN TÊTE

DE QUELQUES PROSCYNÈMES DU SÉRAPÉUM

I

On remarque sur certaines stèles du Sérapéum écrites en démotique que l'image d'Apis, sculptée au premier registre de chacun de ces monuments, est suivie de celle d'une déesse. Cette déesse a la forme humaine et est représentée assise ; sa tête de vache est ornée de longues cornes entre lesquelles est posé le disque lunaire ; sa main droite tient la croix ansée, et sa main gauche le sceptre ordinaire des divinités. — Le nom propre qui sert à caractériser cette représentation se rencontre plus ordinairement au second registre des mêmes stèles. Tantôt on trouve après lui l'*aspic* [1], qui me

1. Voy. Brugsch, *Grammaire démotique*, p. 47.

semble déterminer un nom de déesse, tantôt également il a en suffixe le signe qui ne sert qu'à préciser les noms des quadrupèdes [1]. Ce nom, d'ailleurs, change avec l'Apis à côté duquel on le trouve. « L'an 24 de Ptolémée, fils de Ptolé-« mée, vivant à toujours, dit une stèle du temps de Philo-« métor [2], ce qui fait l'an 7 de l'Apis de la vache Tahor. » — « L'an 4 de Ptolémée, fils de Ptolémée, dit un autre texte « d'un autre temps, ce qui fait l'an 8 de la vache Kerk », et ainsi d'une centaine d'autres. Nos deux noms, comme on le voit, sont en construction et séparés par la seule préposition *de* qui, tout en mettant le terme conséquent au génitif, ne fait plus du second de ces noms qu'un déterminatif spécial et en quelque sorte personnel du premier. — Maintenant quelle est cette déesse, ou cette vache? Quelle place prend-elle dans le mythe d'Apis? C'est ce que nous allons voir.

La description que je viens de faire amène à une conclusion qu'au premier abord on doit croire inévitable : c'est que cette image est celle, soit d'Hathor ou de l'une des vaches nourries dans les sanctuaires de Momemphis, d'Aphroditopolis, d'Atarbéchis ou d'autres lieux [3], soit de l'une des vaches mystiques qui, comme les sept vaches du Rituel [4], n'avaient d'existence que dans le ciel. Mais je me hâte, sans plus de préambule,

1. Voy. Brugsch, *Grammaire démotique*, p. 23.

2. Traduction de M. Brugsch, *Gr. démotique*, page 155.

3. Voy. Strabon, XVII, p. 552 et 556; Élien, *Hist. anim.*, l. XI, ch. XXVII; Jablonski, *Panth.*, lib. I, cap. I, p. 27.

4. *Todtenbuch*, ch. CXLVIII, lig. 9, 29, 31. Voy. aussi *Tod.*, ch. CLXII sur la vache dans le sein de laquelle doit s'opérer la résurrection mystique du mort, etc., ch. LXXI.

d'écarter cette conjecture. La vache des stèles du Sérapéum n'est pas une Hathor; elle n'est pas non plus une vache fictive, associée, pour un motif quelconque, au culte du taureau divinisé de Memphis. Les monuments, tels que je viens de les montrer, démentent avec force ces deux attributions. — Je sais qu'à la vérité ces monuments sont d'époque grecque, et qu'ainsi les arguments que nous y puisons doivent être accueillis avec une certaine méfiance. Notre vache pourrait donc être une Hathor sous le nom Kerk, comme le soleil diurne est à Héliopolis un Phré sous le nom de Mnévis, et le soleil nocturne est à Memphis un Osiris sous le nom d'Apis. D'ailleurs Hathor est une des divinités que les Ptolémées avaient certaines raisons pour mettre en évidence, plus peut-être que les Égyptiens ne l'avaient fait. Sous son nom de *Noub* (or), elle était la χρύσης de leurs mythographes [1]; sous son nom d'Hathor-Noub, ou d'Hathor d'or [2], elle était la χρυσῆ Ἀφροδίτη d'Homère [3]. Elle était même, à la rigueur, sous le nom générique de *Io* appliqué par les Égyptiens aux animaux de la race bovine [4], la fille du fleuve Inachus, la belle et malheureuse Io que Jupiter métamorphosa en vache [5]. Hathor pouvait donc, comme Osorapis, passer pour une divinité

1. Alfred Maury, *Recherches sur la religion et le culte des populations primitives de la Grèce*, p. 130.

2. Th. Devéria, *Noub*, *la Déesse d'or des Égyptiens*, dans les *Mémoires de la Société impériale des antiquaires de France*, t. XXII.

3. Homère, *Iliade*, III, v. 64. Cf. Diod. Sic., I, 97; Justin martyr, *Exhort. ad Græcos*, p. 27.

4. Voyez Lepsius, *Denkmæler der Preuss. Expedition, passim.; Gramm. Eg.*, p. 218.

5. Jablonski, *Panth.*, lib. III, cap. 1, p. 5. Cf., Ovide, *Métam.*, lib. I, v. 583, etc.

empruntée par l'Égypte à la Grèce, et nous ne devons par conséquent pas nous étonner que les Grecs aient été portés à multiplier ses images, et que sous les Ptolémées, elle ait usurpé à côté d'Apis une place à laquelle, sous les Pharaons, elle n'avait pas droit. — Mais je répète que les monuments ne s'arrangent pas de ces attributions. Loin de nous faire voir une Hathor dans la vache dont ils nous ont révélé l'existence, ils nous montrent en elle une vache qui, bien que sacrée, accompagne et suit l'Apis auprès duquel et par lequel elle vit, se montre avec lui, disparaît avec lui, et par là semble véritablement liée à son existence. Encore une fois, ce ne sont pas là des caractères qui conviendraient à une Hathor. Tout au plus ce que nous savons déjà nous aide-t-il à reconnaître dans cette vache, soit une compagne favorite, soit la mère de l'Apis auquel les stèles ont été consacrées. Nous allons explorer le terrain dans cette nouvelle voie.

Les épouses d'Apis nous sont connues. Élien parle des appartements dans lesquels étaient enfermées, pour l'usage d'Apis, les génisses choisies parmi les plus belles de l'Égypte [1]. Mais ce fait qu'Élien seul mentionne, ne paraît pas certain. « *Sed videtur*, dit Jablonski, *hoc Ælianus ex ingenio suo ut enarrationem cœptam ornaret, confinxisse* [2]. Pline, Ammien Marcellin et Solin sont plus dans le vrai quand ils nous apprennent que tous les ans on présentait à Apis une vache pourvue de certaines marques sacrées, et que le même jour on

1. Elien, *Hist. ancim.*, l. XI, c. x.
2. *Panthéon*, lib. IV, c. II, p. 487.

mettait cette vache à mort [1]. L'étrangeté même du fait est pour nous une garantie de la véracité de ceux qui nous le font connaître. Élien, entraîné par les besoins de son récit, et vantant la splendeur du temple d'Apis, a tout naturellement supposé au dieu des épouses nombreuses et dignes de lui. Pline, au contraire, a dû ne nous transmettre que la mention d'un usage certain, précisément parce qu'un usage de cette sorte ne s'invente pas. D'ailleurs n'est-ce pas là une question de dogme? Apis, dieu fils lui-même, avait-il le droit de procréer d'autres dieux? Pouvait-il donner le jour à d'autres animaux de son espèce qui, fils d'un Apis, auraient pu ne pas être des Apis eux-mêmes, c'est-à-dire des taureaux revêtus des empreintes divines. Autant ces considérations rendent impossible la mention d'Élien, autant elles donnent de poids au témoignage des autres historiens que nous avons cités. Apis avait donc une épouse, ou plutôt on lui présentait une génisse tous les ans; mais elle était aussitôt après mise à mort, parce que les lois de l'Égypte ne voulaient pas qu'Apis se perpétuât lui-même. — Quant aux monuments, je dois dire que, plus discrets encore que les écrivains de la tradition classique, ils se refusent à nous livrer la moindre mention des épouses d'Apis. On trouve bien, au chapitre 148 du Rituel, le taureau mystique et les sept vaches ses compagnes; on trouve aussi sur l'obélisque Barberini, sculpté par Adrien pour être placé en avant du tombeau d'Antinoüs, une inscription dans laquelle, à propos de l'Égypte, on dit : *ses quatre*

1. Pline, liv. VIII, c. XLVI; Solin, *Polyhist.*, c. XXXII; Ammien Marcellin, liv. XXII.

taureaux avec leurs femelles[1]. Mais, dans le premier cas, il s'agit d'animaux purement imaginaires; dans le second, nous ne savons si Apis est un des quatre taureaux cités, et si, d'un autre côté, la recherche du style propre à l'époque à laquelle le monument appartient, ne nous autorise pas à voir dans le groupe le sens général de *vache*, plutôt que celui plus précis d'*épouse*. Les sept vaches du Rituel ne prouvent donc rien de plus que les quatre vaches de l'obélisque Barberini, puisque les unes ne sont certainement pas celles dont les adorateurs d'Apis faisaient suivre ce dieu, et que les autres, en supposant

1. Zoëga, *de Usu et orig. obeliscorum*, Ungarelli, *Interpretatio obeliscorum urbis*, planches. L'obélisque Barberini fut en effet destiné par Adrien au tombeau d'Antinoüs, situé, selon saint Épiphane (*Anchor.*, t. II, p. 109), dans la ville d'Antinoé. Si la ville d'Antinoé, que cet empereur fonda en l'honneur de son favori, fut construite et gouvernée selon les usages des Grecs, il paraît qu'au contraire le tombeau du jeune compagnon de l'empereur fut exécuté à l'égyptienne. C'est ce qu'il faut conclure de cette curieuse phrase qui termine la légende de l'une des faces de l'obélisque : (l'empereur Adrien) *a fait exécuter en pierre blanche et bonne des sphinx; il a entouré* (le tombeau d'Antinoüs) *de statues et de colonnes nombreuses, comme il avait été fait par les premiers dans le commencement* (sous les pharaons), *comme il avait été fait par les Ioniens* (les Grecs), *comme* (il est fait) *par les divins seigneurs* (les Romains). La description que M. Jomard (*Descr. de l'Égypte*, A. D., t. IV, c xv) donne des ruines d'Antinoé est aussi complète et aussi approfondie que possible. Je ne doute pas que des fouilles bien dirigées n'amènent la découverte de ce même tombeau d'Antinoüs, qui, arrangé à l'égyptienne et, par conséquent, composé d'un temple extérieur et d'une catacombe destinée au sarcophage, a peut-être échappé, au moins dans sa partie souterraine, à l'attention des Arabes de Cheikh-Abadeh.

même qu'elles ne fussent pas des vaches mères, peuvent tout aussi bien avoir été des épouses de taureaux parmi lesquels Apis n'était pas compté. On peut donc considérer les monuments comme muets sur la question qui nous occupe. — Les témoignages opposés de Pline et d'Élien restent, par conséquent, maintenant, comme tout à l'heure, seuls en présence, et je crois que s'il est une de ces deux opinions que nous devons adopter plutôt que l'autre, c'est, non pas celle d'Élien qui met autour d'Apis toute une troupe d'épouses, mais celle de Pline qui nous semble en tous points plus conforme au dogme et au soin que les Égyptiens prenaient d'éloigner du dieu toute progéniture. Maintenant la vache des stèles du Sérapéum pourrait-elle être une de ces génisses, c'est-à-dire une épouse d'Apis? Ce n'est pas vraisemblable. Comme je l'ai déjà dit, elle se montre et disparaît avec lui. Jamais, en outre, dans les vingt ou ving-cinq ans qu'embrasse la série des monuments relatifs au même Apis, un de ces animaux ne se montre une seule fois à côté de deux vaches. La vache du Sérapéum n'est donc pas une épouse; elle ne peut être qu'une vache mère, et c'est en effet l'attribution à laquelle je vais montrer qu'il faut enfin nous arrêter.

La joie que les Égyptiens manifestaient à la naissance d'Apis, le deuil général qui suivait sa mort, en un mot la vénération extraordinaire dont, à tous les instants de sa vie, ils entouraient l'animal sacré, suffisent à expliquer le respect avec lequel était traitée la vache qui avait eu l'honneur de porter le dieu dans ses flancs. Déjà se révèle donc, même à défaut d'autres preuves, le motif de l'introduction de la déesse à tête de vache dans la cérémonie sculptée en tête des proscymènes du Sérapéum. Cette déesse est la mère d'Apis ; c'est elle que, par une grâce spéciale, les dieux ont choisie pour faire descendre l'un des leurs sur la terre, et mieux qu'Hathor, mieux qu'aucune des épouses d'Apis, la vache honorée d'un tel choix avait droit de figurer dans le cortége de son divin fils. D'ailleurs une démonstration plus directe de ce fait nous est fournie par le double témoignage des auteurs grecs et des monuments. Strabon[1] nous apprend, en effet, qu'Apis avait à Memphis un temple célèbre, et qu'une des parties de ce temple était réservée à la mère d'Apis. Les monuments de leur côté ne sont pas moins explicites. J'ai trouvé, dans un hypogée de vaches, situé au nord du Sérapéum, la tombe inviolée d'un personnage qui, au milieu d'une séric pompeuse de titres, prenait celui de *prophète de la mère d'Apis;* une stèle du Sérapéum, aujourd'hui au Louvre, a été rédigée au nom d'un autre personnage nommé Ounnofré, fils de Pétosiris, lequel prend également le titre de *prophète des mères d'Apis.* En ceci, les monuments sont donc d'accord avec Strabon. Non-seulement la mère d'Apis était l'objet du respect des Égyptiens, mais encore il y avait des prêtres d'un ordre élevé attachés à sa personne. Or des prêtres supposent un culte, et le culte, un dieu ou une déesse. Notre déesse à tête de vache, à la main armée du sceptre ordinaire des divinités, telle qu'on la voit sur les stèles du Sérapéum, apparaît donc ici dans toute l'évidence de ses attributs et de

1. Strabon, XVI.

son nom. Cette déesse est désormais, non pas une épouse, mais une mère d'Apis, qui, selon Strabon, avait son temple à Memphis, et ses prêtres selon les monuments; c'est elle que les visiteurs du Sérapéum associent à leurs prières; c'est elle qui suit l'Apis auquel elle a donné le jour, et lui fournit en quelque sorte le nom par lequel, sous les Ptolémées, cet Apis était distingué des autres. Telle est l'explication définitive du problème. La représentation de nos proscynèmes n'a plus maintenant de mystères. Apis et sa mère sont sans contestation l'objet de cette représentation, et si l'on en veut une dernière preuve, on la trouvera dans la recherche même des scribes qui, par une habileté bien digne de leur temps, ont donné de la vache sacrée et de son fils une image à double sens, dans laquelle les Égyptiens voyaient à la fois la mère d'Apis et Hathor, la déesse mère par excellence, tandis que les Grecs y reconnaissaient l'Epaphus ou l'Apis d'Hérodote et sa mère la vache Io dont Properce devait dire plus tard en si jolis vers :

Io versa caput primos mugiverat annos;
Nunc Dea, quæ Nili flumina vacca bibit [1].

Pour tout dire, cependant, je dois ajouter que cette solution, en apparence si nette, n'est pas à l'abri de toute objection. La manière dont le nom de la déesse est introduit après le nom d'Apis est, en effet, selon les habitudes des monuments égyptiens, une anomalie dont il est impossible de ne pas tenir

1. Properce, II, *Eleg.*, XXVIII, p. 17.

compte. Les grecs disent bien Βασιλεὺς Πτολεμαῖος Πτολεμαίου καὶ Ἀρσινόης, *le roi Ptolémée* (fils) *de Ptolémée et d'Arsinoé;* mais le démotique égyptien réserve pour la filiation paternelle seule cette forme elliptique [1], et, à l'exemple des hiéroglyphes, rend obligatoire l'emploi de 𓄟𓋴 *Mes, engendré de,* quand il s'agit de la filiation par la mère [2]. Il semble donc qu'en disant *l'Apis* de *la vache Tahor*, *l'Apis* de *la vache Kerk*, nos stèles évitent à dessein l'expression même de la filiation maternelle, et que, conséquemment, Tahor et Kerk ne sont pas, contre toute attente, les mères des Apis auprès desquels nous les rencontrons. — J'avoue que cette objection peut n'être pas sans valeur. Mais si l'on veut me permettre d'entrer dans quelques détails sur la conception d'Apis et le rôle de la mère de ce dieu dans le mythe de son fils, on verra, je l'espère, que, loin d'être un empêchement à l'attribution que j'ai proposée, cette anomalie est, au contraire, un argument nouveau en sa faveur.

De l'aveu constant et unanime des écrivains de la tradition classique, Apis est l'image vivante d'Osiris. « On entretient à « Memphis, dit Plutarque [3], le bœuf Apis qu'on regarde « comme l'image d'Osiris, et qui, à ce titre, doit être au même « endroit que son corps. » — « La plupart des prêtres, dit le « même auteur en un autre passage [4], veulent que le nom « de Sérapis soit composé de ceux d'Apis et d'Osiris, fondés

1. Voy. Brugsch, *Gramm. Démot.*, *passim.*
2. *Ibid.*
3. Plut., *de Is. et Osir.*, XX.
4. *Id.* XXIX.

« sur ce point de doctrine qu'Apis est l'image la plus belle « d'Osiris. » Strabon [1], de son côté, nous enseigne que Memphis renferme, entre autres temples, celui d'Apis qui est le même qu'Osiris. Enfin Diodore [2] a également puisé aux sources égyptiennes l'explication qu'il nous donne du culte d'Apis : « Quelques-uns, dit cet auteur, expliquent le culte d'Apis par « la tradition que l'âme d'Osiris passa dans un taureau, et que « depuis ce moment jusqu'à ce jour elle se manifeste aux « hommes sous cette forme qu'elle change successivement. » Quant aux monuments, leur témoignage vient à l'appui des auteurs que nous venons de citer. Sur un papyrus de Berlin [3], trois taureaux noirs et blancs comme Apis, sont accompagnés de légendes explicatives qui ne laissent aucun doute sur cette question. On lit en effet au-dessus du premier *figure cachée d'Osiris qui s'est orné de cornes;* au-dessous du second *Osiris qui s'est orné de l'oreille du taureau;* et enfin au-dessous du troisième : *Osiris qui a changé de face.* Apis, confondu avec Osiris, se retrouve également sur les stèles du Sérapéum [4]. Le nom *Osiris-Apis* (l'Osirien Apis) peut, à la vérité, n'être que la qualification funéraire du dieu; mais l'autre forme *Apis-Osiris,* tout aussi fréquente que la première, même pendant la vie du dieu, assure l'identification

1. Strabon, XVII.

2. Diod. Sic., I, 85. J'ai déjà donné les textes de ces diverses citations (*Bulletin archéol.*, 1re année, p. 85.)

3. Marqué Go, 8.

4. Salle d'Apis, au Louvre.

déjà reconnue par les auteurs grecs et le papyrus de Berlin. Apis est donc bien, comme dit Plutarque, l'image d'Osiris; c'est Osiris qui l'anime, qui vit en lui; Apis est, par conséquent, l'incarnation d'Osiris, c'est-à-dire Osiris fait chair.

Mais, d'un autre côté, les textes du Sérapéum donnent à Apis un titre sur lequel nous ne devons pas moins fixer notre attention. Ce titre, écrit [hiéroglyphes] dans les hiéroglyphes, doit se traduire, selon M. de Rougé [1], par Apis *la seconde vie de Phtah;* selon M. Lenormant, par *l'énergie de Phtah* [2], et selon M. Brugsch [3] par *le revivifié de Phtah*, tandis qu'une table à libation du Sérapéum, gravée en phénicien et expliquée par M. le duc de Luynes [4], a transcrit [hiéroglyphes] par *le souffle de Phtah*, et [hiéroglyphes] par *le souffle vivant de Phtah.* Quelle que soit au juste la signification du groupe [hiéroglyphes] dans le titre d'Apis, Apis n'en est donc pas moins mis dans un rapport fréquent avec Phtah, rapport de parenté sans aucun doute, puisque la qualification de [hiéroglyphes] *fils de Phtah* se rencontre quelquefois sur nos monuments. Par conséquent, tout en laissant, comme l'explique Diodore, l'âme d'Osiris animer le taureau sacré, c'est Phtah qui sera, sinon le père du dieu, titre que nos stèles ne lui donnent que par exception

1. *Notice des monuments égyptiens exposés dans les galeries du Musée du Louvre*, p. 44.

2. Dans ses cours d'archéologie égyptienne au Collége de France.

3. *Ueber einen Titel des Apis-Stieres*, p. 4 (Voyez *Bulletin archéol.* de l'*Athenæum*, 1re année, p. 67.)

4. *Inscription phénicienne sur une pierre à libation du Sérapéum de Memphis*, dans le *Bulletin*, 1re année, p. 69 et 77.

et en exagérant pour ainsi dire la portée de ce même titre, mais au moins celui qui aura déposé dans le sein de la vache la semence d'où sortira le corps du divin fils.

Or, une notion des plus curieuses, qu'on ne récusera pas parce qu'elle nous est fournie par un historien antérieur à notre ère et même à la conquête de l'Égypte par Alexandre, se trouve dans Hérodote. « Cet Apis, écrit Hérodote, appelé « aussi Épaphus, est un jeune bœuf dont la mère ne peut en « porter d'autre. Les Égyptiens disent qu'un éclair descend « sur elle, et que, de cet éclair, elle conçoit le dieu Apis [1]. C'est le même fait qui est rapporté par Pomponius Méla [2] en ces termes : *Rarò nascitur, nec coitu pecoris, ut aiunt, sed divinitùs et cœlesti igne conceptus*. Plutarque [3], qui pensait que la lune avait une lumière humide et propre à la génération des animaux, attribue à l'influence de la lune la conception d'Apis : *Ægyptii Apin concipi aiunt Lunæ contactu*, et autre part [4] : *Dicunt verò Apin tum concipi, cum lunæ lucem genitalem de se emittit, eâque tangatur vacca coitum*

1. Γίνεται ὁ Ἆπις ἐκ βοὸς, ἥτις οὐκέτι οἵητε γίνεται ἐς γαστέρα ἄλλον βάλλεσθαι γόνον. Αἰγύπτιοι δὲ λέγουσι, σέλας ἐπὶ τὴν βοῦν ἐκ τοῦ οὐρανοῦ κατίσχειν, καὶ μιν ἐκ τούτου τίκτειν τὸν Ἆπιν. (Herod., III, 28).

2. Pomp. Méla, liv. I, c. IX. (Voy. aussi Elien, *Hist. anim.*, l. XI, c. X, et Suidas, au mot Ἆπις.

3. Αἰγύπτιοι τὸν Ἆπιν λοχεύεσθαί φασιν ἐπαφῇ τῆς σελήνης (Plut., *Quæst. Symphor.*, VIII, 1).

4. Τὸν δὲ Ἆπιν γενέσθαι (λέγουσι), ὅταν φῶς ἐρείσῃ γόνιμον ἀπὸ τῆς σελήνης καὶ καθάψηται βοὸς ὀργώσης (Plut., *De Is. et Osir.*, XLIII). Voy. Jablonski, *Panth.*, liv. IV, c. II, p. 182, 183. — Je soupçonne que c'est à cette conception surnaturelle d'Apis qu'est due la présence de l'oiseau  comme déterminatif constant du nom de ce dieu. On sait que déjà l'oiseau  sert à écrire le mots *fils*. Le scarabée qui, selon la croyance des anciens, n'a pas de femelle, prend aussi quelquefois après lui l'oiseau comme dans  (voy. Champ. *Gr. Eg.* p. 86, et *Dictionnaire*, p. 303.

appetens. Enfin une dernière preuve qui, bien qu'indirecte, n'en a pas moins une certaine valeur, se trouve dans la fable d'Io et les poursuites de Jupiter métamorphosé en nuée. Le jeune veau qui, par la vertu des marques spéciales dont la nature aura orné sa robe, sera plus tard Apis, ne doit donc pas la naissance, comme tous les animaux de sa race, à un taureau, et c'est ce que nos stèles hiéroglyphiques expriment dans les invocations adressées au dieu en ces termes : *Action de faire l'encens. Sois propice, ô Apis vivant, toi qui n'as pas de père* [1], *toi le premier d'Onnophris* (surnom d'Osiris). En réalité, c'est bien un taureau qui l'a engendré dans le sein de la vache. Mais le fils divinisé rejette cette paternité charnelle et se proclame l'incarnation d'Osiris, soit par l'opération de Phtah, si l'on en croit les monuments, soit par l'opération d'un éclair descendu du ciel, si l'on en croit Hérodote. En résumé, si Apis n'est pas du rang des dieux qui s'engendrent eux-mêmes (αὐτόγονοι), il est au moins de ceux qui, bien qu'enfantés par leur mère, laissent à celle-ci sa virginité. « Je « suis ce qui est, ce qui sera et ce qui a été, dit l'inscription « de Neïth à Saïs; personne n'a relevé ma tunique (τὸν ἐμόν « χιτῶνα οὐδεὶς ἀπεκάλυψεν), et le fruit que j'ai enfanté est le « Soleil. » On peut, avec la différence des rôles, en dire autant de la mère d'Apis. Elle a conçu Apis sans le contact du mâle; elle est par conséquent restée vierge, même après

1. On remarquera l'emploi, en qualité de déterminatif, des trois grains ●●● qui spécialisent la paternité charnelle. Le sens de *père*, pour le scarabée, est un de ceux qui nous sont connus par Horapollon.

l'enfantement. Maintenant conçoit-on que nos textes hiérogly-phiques, quand il s'agit d'exprimer la filiation d'Apis, évitent les formules ordinaires? Ce que je viens de dire aide parfaitement à le comprendre. Les stèles du Sérapéum ont donc pu nous faire lire *l'Apis de la vache Kerk* et *l'Apis de la vache Tahor*. Tahor et Kerk n'en sont pas moins pour cela les mères des Apis dans le cortége desquels nous les trouvons, et l'objection au-devant de laquelle nous étions allés tout à l'heure se trouve par-là même renversée.

J'ajouterai encore un mot. Ce qu'on pourrait appeler le personnel de la légende d'Apis se compose, comme nous venons de le voir, de Phtah, d'Osiris et de la mère d'Apis. Nous savons bien les fonctions que ces divers personnages remplissent par rapport à Apis; mais nous ignorons encore la vraie nature des deux premiers d'entre eux et la place qu'ils occupent dans la hiérarchie divine. Si l'on veut bien me suivre sur ce nouveau terrain, nous essaierons, dans le paragraphe suivant, de prendre connaissance du milieu dans lequel ont vécu nos deux divinités, et nous aborderons ensuite, dans un troisième paragraphe, l'étude de ces deux divinités elles-mêmes.

II

Si l'on suit avec attention la marche des divers systèmes religieux qui se partagèrent le monde ancien, si, en particulier, l'on interroge les principaux et les plus habiles d'entre les acteurs de la lutte mémorable qui occupa les premiers siècles de notre ère, on verra que l'Égypte n'aurait pas joué avec tant d'éclat le rôle que nous lui voyons remplir si elle n'avait eu pour elle qu'une théologie indigne de ce nom et des dogmes ridicules ou monstrueux. La part même que l'Égypte prit à cette lutte et à bien d'autres, soit par elle-même, soit par les écoles sorties de son sein, prouve qu'elle ne s'oublia pas toujours aussi facilement qu'on le suppose. Je ne dis pas que l'Égypte eut raison de peupler ses sanctuaires d'oiseaux, de quadrupèdes et de reptiles; je ne dis pas non plus que nos docteurs chrétiens, très-justement choqués des formes étranges du culte égyptien, ont trop poursuivi de leurs pieux sarcasmes ce qu'Eusèbe appelle la sagesse des scarabées. Mais je crois qu'après tout la religion égyptienne a exercé sur tout ce qui l'entourait, depuis Moïse et Platon jusqu'à Porphyre et Basilide, une influence incontestable, influence que certainement elle n'eût pas obtenue, si elle n'avait porté en elle-même un principe de vitalité qu'une doctrine nourrie de dogmes sérieux avait pu seule lui donner.

Je n'ai pas l'intention de passer en revue chacun de ces dogmes, ni de montrer de quelle manière l'Égypte a conçu le vaste ensemble de doctrines qui formait la base de ses croyances religieuses. Je désire seulement faire voir qu'au fond de ces sanctuaires si méconnus, résidait un Dieu, qui, pour n'être pas tout à fait le Dieu ineffable et abstrait de la tradition hébraïque, n'en est cependant pas moins un Dieu plein de grandeur et digne de la vénération de tous.

Si l'on s'en rapporte à Jamblique, l'Égypte aurait cru, en effet, à un Dieu unique (Θεὸς εἷς), antérieur au premier Dieu (πρῶτος καὶ τοῦ πρώτου Θεοῦ), immortel, incréé, invisible et caché dans les profondeurs inaccessibles de son essence [1]. Voilà quel aurait été le Dieu égyptien, et de ce Dieu sans nom et sans figure, il n'y a pas loin, comme on le voit, au Jéhovah de la Bible.

Maintenant les monuments confirment-ils cette assertion de Jamblique? Le Dieu si remarquablement défini par Jamblique est-il le Dieu qu'adora l'Égypte? La réponse à cette question, un peu difficile peut-être, au premier abord, devient moins embarrassante si l'on veut admettre la restriction que Jamblique

1. Jamblique, *de Mysteriis*, sect. VIII, ch. II, p. 158; Gale, 1678.

lui-même apporte à son premier témoignage, et si, à côté du Dieu ineffable et incompréhensible, on place une hiérarchie d'autres dieux, inférieurs au premier, et le représentant dans chacune de ses puissances. « Le Dieu égyptien, dit Jamblique, quand il est considéré comme cette force cachée qui amène les choses à la lumière, s'appelle Ammon; quand il est l'esprit intelligent, qui résume toutes les intelligences, il est Emeph (Chneph, Chnouphis); quand il est celui qui accomplit toutes choses avec art et vérité, il s'appelle Phtah, et enfin quand il est le Dieu bon et bienfaisant, on le nomme Osiris [1]. » Ramené à ce point de vue, le Panthéon égyptien, tel qu'il nous apparaît dans Jamblique, est bien celui que nous fait retrouver l'étude des monuments. Les monuments, à la vérité, ne nous donnent pas le nom du Dieu suprême, qui, du reste, chez les Égyptiens comme chez les Hébreux, était peut-être entouré d'un tel respect qu'il ne devait même pas être prononcé. Mais la notion de l'unité de ce Dieu, modifiée dans le sens indiqué par Jamblique, se retrouve dans une expression qui se rencontre presque à chaque ligne des textes égyptiens. Si l'on veut me permettre une courte parenthèse, j'établirai, avant d'aller plus loin, les bases philologiques sur lesquelles cette notion repose.

Les monuments de toutes les époques, depuis les premiers temps de la XVIIIe dynastie, nous présentent une expression que Champollion [2] a toujours écrite [hiéroglyphes] KHeT NeTerou, et que, fidèle à cette orthographe, il traduit par *les autres*

1. Jamblique, *de Mysseriis*, sect. VIII, ch. III, p. 159.
2. *Grammaire égyptienne*, p. 292, 320, 404, 474, etc.

dieux, comme dans cette phrase : [hieroglyphs] *Thoth, le secrétaire justice des autres dieux* [1]. Mais l'examen des textes prouve que [hieroglyph] suivi de [hieroglyph] est d'un usage extrêmement rare [2], et qu'au contraire, là où Champollion a toujours supposé le prototype du ϫⲉⲧ copte, il faut reconnaître un autre mot dont les légendes soignées nous donnent l'hiéroglyphe en cette forme [hieroglyph]. Ce n'est donc pas [hieroglyph] ni *les autres dieux* que nous devons partout voir avec Champollion, mais [hieroglyph] ou [hieroglyph] qui nécessairement a un autre sens, auquel nous arriverons après avoir établi la prononciation phonétique du groupe. — La prononciation phonétique de [hieroglyph] est constatée par un grand nombre d'exemples qui établissent que cet hiéroglyphe correspond constamment au mot [hieroglyph] PeTou. Mais PeTou n'intervient pas toujours seul. Tantôt il a pour déterminatif le groupe [hieroglyph] lui-même, comme dans [hieroglyphs] [3], (Ammon-Ra) *le Seigneur des seigneurs, le Roi des Dieux, le père des pères, le gardien des gardiens, le Maître*

1. *Gr. ég.*, p. 331.

2. On le trouve dans quelques exemples du genre de celui-ci : [hieroglyphs] *Tafné, avec les autres dieux de ce temple* (*Gr. ég.*, p. 525), quoiqu'il soit très-probable que le rédacteur égyptien ait entendu écrire [hieroglyph].

3. Je crois plutôt qu'il faut lire [hieroglyphs]. On voit sur une palette de scribe de Louvre : [hieroglyphs]. *Ammon-Ra, le double seigneur des deux mondes* (Voy. aussi *Denkm.*, III, 72, 73, 235, 248). Ce titre est sans doute en rapport avec le nom même d'Ammon-Ra, formé de celui de deux divinités. Le *double seigneur* serait donc à la fois une application à Ra et à Ammon.

créé de toute éternité [1]; tantôt le mot PeTou reçoit en affixe l'oiseau , par exemple dans [2]; tantôt enfin le groupe est remplacé par l'oiseau seul comme on le voit dans le titre inscrit au-dessus de la représentation d'un Taureau astronomique *l'engendré du Seigneur* [3]. PeTou est donc, d'une manière certaine, la prononciation du groupe — Quant à sa signification, elle ressort non-seulement des phrases que je viens de citer et dans lesquelles tous les sens du latin *dominus* se retrouvent avec évidence, mais aussi d'autres phrases qui ne sont pas moins claires que les précédentes. C'est ainsi que, sous la XXIIe dynastie, on trouve le titre *le maître des deux mondes* [4], et celui de *le chef* [5], où l'on remarquera la présence, en qualité de déterminatif spécial, de l'homme armé du bâton de commandement. La grandeur de l'obélisque de Karnac est célébrée en ces termes par l'une des inscriptions qui couvrent le monument : *jamais n'avait fait semblable auparavant un maître de la terre* [6]. Au-

1. *Denkm.*, III, 150.

2. *Todtenbuch*, c. LXXVII, l. 2; c. LXXXV, l. 5; c. CIV, l. 2; c. CXXV, lig. 7, 8, 31; *Denkm.*, III, 81, etc.

3. *Denkm.*, III, 137; conf., *Todt.*, c. XV, l. 38, 45, etc., et les divers exemples de l'emploi de , *Todt.*, c. LXXXIII, l. 1, etc.

4. *Denkm.*, III, 255.

5. *Denkm.*, III, 299.

6. *Denkm.*, III, 22 Voy. l'inscription de Silsilis , *jamais n'avait vu semblable auparavant un maître des îles et de la terre* (*Denkm.*, III, 81). M. Birch (*Archeologia*, XXXV, p. 148) traduit *pendant que roule le monde.*

dessus des prêtres qui, dans la procession de Médinet-Abou, portent les images des rois ancêtres de Ramsès III, on lit : *les images des rois de la Haute et de la Basse-Égypte*[1]. Enfin le parallélisme ordinaire des textes égyptiens se retrouve dans cet autre titre du dieu Mandou[2] *le maître des deux mondes, le seigneur des quatre régions* (du Nord, du Sud, de l'Est et de l'Ouest), titre dans lequel notre hiéroglyphe PeTou, comme dans pour [3], est opposé avec le sens de *dominus* à celui de dont la signification de *seigneur* est prouvée depuis trop longtemps pour qu'il soit nécessaire d'y revenir. Le groupe , dont la prononciation est PeTou, signifie donc *maître*, *chef*, *seigneur*, et c'est avec ce sens qu'il faut le traduire dans la plupart des exemples cités par Champollion. La traduction *les autres dieux* pour est par conséquent loin de la véritable signification de ce groupe, et l'on voit que, malgré l'objection qu'on pourrait faire [4], le mot à mot de

1. *Denkm.*, III, 213.

2. *Denkm.*, III, 273.

3. Louvre, Musée Charles X, salle funéraire, momie de HeR-Ha.

4. On peut dire en effet que PeTou NeTeRou sont deux noms en construction, et que le second se trouve ainsi au génitif. Mais si le sens de *seigneur des dieux*, *chef des dieux* était le véritable, le verbe qui aurait pour sujet devrait être au singulier, et c'est précisément ce qui n'a pas lieu. Ainsi, on lit sur une des murailles du temple de Médinet-Abou : , *et le seigneur les dieux*, *en te servant*, ils donneront *à toi des glorifications*. (Voy. *Gramm. ég.*, p. 292.) L'expression PeTou NeTeRou est donc le sujet collectif du verbe *donner*, et il résulte de cette explication que le génitif après est impossible. — Le terme ne peut être non plus un simple adjectif placé, dans l'exemple après , ce que prouve la variante (*Denkm.*, III, 131).

cette singulière expression pour désigner la divinité donne *le Seigneur les dieux*, c'est-à-dire que le titre de Thoth sera traduit, nos plus par *Thoth le secrétaire de justice des autres dieux*, mais par *Thoth le secrétaire de justice du Seigneur les dieux*.

Or, qui ne s'aperçoit que nous arrivons ici à une expression à travers laquelle perce le dogme dont nous cherchons la trace, le dogme de l'unité de Dieu? Cette expression *le Seigneur les dieux* est en effet celle-là même que le texte hébreu de la Bible, en disant *Jéhovah les dieux,* a employée pour nommer l'Être suprême, créateur de toutes choses. Les *Nétérou* seraient donc les *Elohim* de la Bible, et ce serait là précisément que se trahirait, dans le vague de l'expression destinée à le cacher au vulgaire, le secret de la croyance des Égyptiens. Je ne sais si le PeTou NeTeRou, qui ne paraissent sous la XVIIIe dynastie qu'après la venue d'Abraham, ont été empruntés par l'Égypte aux Hébreux, ou si Moïse en a emporté le dogme avec lui en quittant les bords du Nil. Cette question, toute vitale qu'elle soit, n'a pour nous, en ce moment, qu'un intérêt secondaire. Ce qu'il nous importe de constater dès à présent, c'est que l'Égypte, pour désigner l'ensemble de ses dieux, a employé comme la Bible une expression collective dans laquelle le singulier prend la première place, et que, derrière cette expression, tout aussi bien que derrière les *Elohim* de la Bible, se cache un Dieu unique considéré dans la diversité de ses puissances[1]. L'Égypte aurait, par conséquent, admis comme principe de sa théologie cette même unité de Dieu proclamée par Jamblique.

1. Voyez Vacherot, *Histoire critique de l'École d'Alexandrie*, t. I, p. 131.

Mais là où l'Hébreu, dans sa contemplation du Dieu ineffable, invisible et sans substance, dit *Jéhovah les dieux créa,* l'Égyptien, par une différence dont l'esprit saisit facilement la portée, écrit *le Seigneur les dieux créèrent. Voici*, dit la légende du colosse d'Aménophis, *voici le discours du Seigneur les dieux; voici ce qu'ils répondent*... etc. [1]. Ici apparaît, dans son plus intime développement, le panthéisme égyptien. Ce n'est plus le Dieu inaccesible et abstrait que nous avons devant nous; c'est la divinité placée dans l'être immense au sein duquel nous vivons; c'est l'univers et Dieu confondus en un seul être; c'est *tout* devenu Dieu, et le mot *tout* écrit dans la langue sacrée par l'hiéroglyphe même du mot *seigneur,* la corbeille [hiéroglyphe]. Mais l'Égypte panthéiste, on le voit ici, ne sait pas s'arrêter à temps. Sur la pente rapide où elle est engagée, elle glisse jusqu'à l'abîme même du panthéisme, c'est-à-dire qu'en vertu de ses propres doctrines, elle cède au besoin de séparer et de personnifier chacun des attributs divins qu'elle voit se manifester dans le monde, et qui, sous ses yeux, se répartissent entre les différents êtres. L'Égypte a donc aussi ses émanations du sein de Dieu. Le principe de tout ce qui est, est bien toujours pour elle le Dieu ineffable, le seul vrai Dieu. Mais de ce Dieu émane ce que Plotin devait appeler plus tard les *puissances* de Dieu, δυνάμεις. — Ce n'est pas qu'à son tour le mosaïsme ait ignoré cette théorie des émanations dont l'abus est si frappant en Égypte. Dès le début de la Genèse, se

1. [hiéroglyphes] Voy. *Gr. ég.*, p. 474, et *Denkm.*, III, 72. Conf., *Todt.*, 145, 48, etc.

montre en effet l'Esprit, principe distinct de Dieu, mais inséparable de lui, et porté sur l'abîme des eaux. « Au commencement, « dit la Genèse, Dieu créa le ciel et la terre. La terre était « informe et toute nue; les ténèbres couvraient la face de « l'abîme, et l'Esprit était porté sur les eaux [1]. » Ce même Esprit se retrouve à différentes époques de la tradition hébraïque, et d'inerte qu'il est encore dans la Genèse, apparaît dans Job et dans la plupart des livres saints comme un agent qui préside à la vie et communique aux êtres le souffle par lequel ils sont [2]. L'Esprit est donc une première puissance sortie hors de Dieu et vivant tout à la fois avec lui et sans lui. Plus tard, dans le livre des Proverbes de Salomon, commence à se distinguer une autre manifestation de Dieu, la Sagesse. « Le Seigneur, dit la « Sagesse [3], m'a possédée au commencement de ses voies; « avant qu'il créât aucune chose, j'étais dès-lors..... Lorsque le « Seigneur préparait les cieux, j'étais présente.... Lorsqu'il « environnait les abîmes de leurs bornes..... lorsqu'il posait « les fondements de la terre, j'étais avec lui et je réglais toutes « choses. » Jésus de Sirach dit également : « Toute Sagesse « vient de Dieu; elle a toujours été avec Dieu; elle a été créée « avant tout [4]. » Ici se développe, selon la Préparation Évangélique, la théologie de la seconde cause [5]. Le Verbe, à la

1. Genèse, I, 1, 2.

2. « Si Dieu regardait le monde dans sa rigueur, s'écrie Job, il attirerait à lui dans l'instant l'Esprit qui l'anime. » (Job, XXXIV, 14).

3. Prov. VIII, 22, 29, 30.

4. *Ecclésiast.*, ch. XV, XVII, LI; *Liv. Sag.*, ch. I, VII, IX, etc. Conf. le travail de M. le duc de Luynes sur l'inscription phénicienne du Sérapéum, et les observations de ce savant sur le *Rouah* des Hébreux (*Athenæum*, *Bulletin archéol.*, 1re année, p. 73).

5. Eusèbe, *Prépar. Evangél.*, liv. VII, ch. XII.

vérité, quoi qu'en dise Eusèbe, n'y est pas encore. Mais il n'y a pas moins là un second principe qui, comme l'Esprit, se détache de Dieu et existe en dehors de lui. — Les rives du Jourdain, comme celles du Nil, ont donc admis la doctrine des émanations, et des deux parts on a distingué au-dessous du Dieu par excellence, des puissances sorties hors de lui. Mais là où le judaïsme, au moins jusqu'à saint Jean, met ces puissances à l'écart de l'Être suprême et laisse Dieu immuable et immobile dans son unité, nous voyons l'Égypte cachant et dérobant en quelque sorte le Dieu des dieux derrière les agents dont elle l'entoure. Cette préséance accordée aux émanations de Dieu va même si loin, que les attributs les plus caractéristiques de son rang suprême deviennent la propriété, non pas peut-être de tous les agents placés au-dessous de lui, mais au moins de ceux qu'Hérodote a appelés les dieux supérieurs, et que les monuments qualifient de *grands dieux*, par opposition aux *petits dieux* [1]. C'est ainsi, par exemple, que l'unité, l'essence même de Dieu, qui est attribuée à Ammon par une légende de Thèbes[2], appartient à Horus sur une stèle de Berlin qui nous montre *l'Horus des deux hémisphères* (le soleil) *dieu unique et vivant dans la vérité*, et que sur une inscription de Tell-Amarna, le même don d'unité est attribué à Aten dans cette phrase : *glorifications* (faites) *à*

1. Sur les grands dieux et les petits dieux, voy. *Todt.*, c. XCLI, lig. 6, 7, *Gr. ég.*, p 347; *Denkm.*, III, 143, 151, etc.; Sharpe, *Eg. Inscr.*, 1re série, p. 58.
2. *Denkm.*, III, 72.

Aten le dieu vivant et unique [1]. L'éternité si fréquemment exprimée par *existant dès le commencement* [2], est un autre des attributs du grand Tout qui passe le plus fréquemment aux divinités qui sont ses puissances. De même aussi les *grands dieux,* à l'exemple du πρῶτος τοῦ πρώτου, se proclament incréés : Ammon *le mari de sa mère* [3], le soleil, dont la belle stèle de Hor-em-heb à Londres dit qu'il *s'engendre et se donne la naissance à lui-même* [4], Neïth, qui, comme Jéhovah, *est ce qui est* [5], Osiris, le fils d'Isis sa propre épouse [6], Thoth qui se forme lui-même sans avoir été engendré [7], s'attribuent ainsi une des propriétés caractéristiques de l'Être. Les émanations de Dieu, dans le système égyptien, jouent donc bien un autre rôle que dans le judaïsme. Le judaïsme, en effet, les annihile

1. *Denkm.*, III, 10.

2. *Todt.*, c. XV, l. 3; c. XXIV, l. 1, etc.; *Denkm.*, III, 259, etc.

3. ΚΑΜΗΦΙΣ, selon une remarque qui appartient, je crois, à M. Birch.

4. Les divers titres du dieu Ra, inscrits sur les monuments, donnent le plus souvent, tantôt *l'incréé*, tantôt *celui qui se crée lui-même*. Voyez du reste, sur cette question, le Mémoire de M. de Rougé (*Statuette Naophore du Vatican*, dans la *Revue archéol.*, avril 1851, p. 53 et suiv.)

5. Proclus, lib. I, in Timæum.

6. HeS IRI, comme le nom d'Osiris devrait être écrit conformément à la prononciation d'Hellanicus, n'offre pas de sens. Mais, dans la disposition la plus ordinaire du nom , l'œil accoutumé au double sens que le génie de l'écriture hiéroglyphique permet de donner si souvent aux mots, reconnaît IRI HeS, c'est-à-dire *l'engendré d'Isis*. Osiris. se donnant ainsi naissance dans le sein de sa propre épouse, assimilait son rôle à celui d'Ammon, le mari de sa mère, et devenait, conséquemment, son propre père à lui-même.

7. Birch, dans l'ouvrage de M. Bunsen, *Egypt's place in universal history*, t. I, p. 393.

devant la grandeur de son Dieu, et, à la rigueur, n'en fait plus que de simples figures de langage. En Égypte, au contraire, les émanations ne sont plus seulement des puissances, comme les archanges dans le système de Philon, comme les Séphiroth dans la Kabbale, comme l'Ogdoade chez les Gnostiques; elles deviennent Dieu lui-même, si bien qu'après tout, là où Platon admettait l'Un premier, l'Un deuxième et l'Un troisième, l'Égypte, dans ses huit grands dieux n'a vu qu'un Dieu abstrait, sans nom, sans figure, un Dieu en huit personnes, existant autant par ses qualités propres que par les huit agents qui l'absorbent, et chacun dans son rôle, sont Dieu tout entier, tout en restant une partie de lui-même. Voilà quel était le Dieu de l'Égypte. C'est un Dieu formé de huit dieux, lesquels sont tout à la fois le Dieu Un et parties de ce Dieu, huit dieux qui n'attaquent pas plus l'unité de l'Être suprême que, dans toute Trinité, le Dieu Un n'est écarté par sa propre division en trois personnes égales à lui. Jamblique ne nous a donc pas révélé un Dieu mensonger, et effectivement l'Égypte a cru à un seul Dieu. Mais je répète que le Dieu unique de l'Égypte n'est pas le Dieu unique du judaïsme. Autant Moïse tient ferme devant la grande idée de Dieu, et s'écria hardiment *Jéhovah les dieux créa,* autant les prêtres égyptiens trébuchent, et, considérant Dieu comme un tout composé d'une hiérarchie d'autres dieux, ne peuvent plus que dire *le Seigneur les dieux créèrent.*

Jusqu'ici le panthéon des Égyptiens nous apparaît donc sous un point de vue assez net. Un Dieu unique, immobile dans son immensité, insaisissable et invisible, plane au-dessus de toutes choses, et derrière lui apparaissent ses puissances divinisées. M. de Rougé avait donc bien raison de dire que, quel qu'il soit, l'auteur du traité *de Mysteriis* a puisé aux sources véritablement égyptiennes. Les deux chapitres de Jamblique nous résument en effet toute la théologie égyptienne, et ce n'est pas à tort, comme on le voit, qu'au commencement de ce travail nous avons pris pour guide le célèbre disciple de Porphyre. La question serait de savoir maintenant combien l'Égypte admit de degrés dans la série de ses puissances divines. Ici commencent les difficultés. Chnouphis prend à Philæ [1] le titre de *chef des trente;* mais le panthéon égyptien admit-il réellement trente dieux? D'un autre côté, comment ces trente dieux se divisent-ils? quels sont *les grands dieux,* et *les petits dieux,* et comment ces deux ordres de dieux correspondent-ils aux trois ordres d'Hérodote [2]? C'est là un des points obscurs de la mythologie égyptienne, et je ne chercherai pas à l'éclaircir.

1. Borellini, M. C., pl. XLVIII.

2. Sur les trois ordres d'Hérodote, voir Wilkinson, *Manners and customs*, 2e série, vol. I, p. 180; Bunsen, *Egypt's place*, t. I, p. 357. Hérodote met huit dieux dans le premier de ses trois ordres. Une expression qui se rencontre souvent sur les monuments semblerait indiquer que c'est neuf divinités, et non pas huit, que nous devons compter. On trouve fréquemment en effet , (Sharpe, *Eg. Inscr.*, 1re série, pl. 51, 58, 59, etc.). Mais le titre de la déesse Noutpé écrit ordinairement *la génératrice des dieux*, et quelquefois suivi de neuf fois répété, fait voir qu'il s'agit dans ce titre d'un superlatif, et que les neuf symboles de la divinité doivent plutôt signifier *les trois fois divins*. — Ces lignes étaient écrites et les premières pages tirées quand j'ai eu connaissance d'une lettre de M. de Rougé, écrite en juin 1852, et publiée dans les *Recherches sur le cyprès pyramidal* de M. Lajard (*Mémoires de l'Acad. des Insc. et Belles-Lettres*, t. XXe, 2e partie, 1854). On voit, par la date de cette lettre, que M. de Rougé a, le premier, déterminé la prononciation phonétique de . Ce

Je n'ai voulu, dans ce paragraphe, que donner une idée aussi générale que possible de l'ensemble religieux de l'Égypte, et j'espère y être parvenu. Nous abordons maintenant l'étude d'Osiris et de Phtah, bien préparés à reconnaître et à apprécier la nature de ceux de leurs attributs que les monuments vont nous mettre entre les mains. Je voulais tout simplement en venir là.

groupe, dit M. de Rougé, « doit se lire *Paou* et désigne un ensemble de Dieux » (voyez *Recherches*, etc., p. 176); plus haut, M. de Rougé le traduit les dieux (ou le séjour des dieux). Le sens général est évidemment celui que M. de Rougé indique; mais je n'en persiste pas moins à croire que *le Seigneur les Dieux* rend d'une manière plus complète la nuance contenue dans l'expression collective par laquelle les Égyptiens ont désigné la divinité.

III

Les développements dans lesquels je viens d'entrer ont déjà, ce me semble, mis en évidence un fait qu'il nous importait de bien constater : à savoir que Phtah et Osiris, considérés dans leur nature originelle, ne peuvent être que des émanations du Dieu suprême, et des personnifications de ses puissances. C'est donc de ce côté qu'il nous faut maintenant tourner notre attention.

Le titre ordinaire de Phtah est celui que les légendes sacrées écrivent [hiéroglyphe] NeBMA°. Le premier caractère de ce groupe nous est déjà connu, et je ne m'y arrête pas; le second est *la coudée*. Or la coudée, comme l'a vu Champollion, est l'emblème de la Justice, et, par une filiation d'idées toute à l'avantage de la philosophie égyptienne, elle est en même temps l'emblème de la

Vérité, de telle sorte que notre mot MA° signifie à la fois Vérité et Justice. Le titre habituel de Phtah se traduira donc avec Champollion *le Seigneur de la Vérité,* ou, ce qui est la même chose, *le Seigneur de la Justice.* Mais la coudée n'emprunte ce double sens, accessoire chez elle, qu'à l'un des rôles également accessoires de Phtah. Phtah est quelquefois en effet, sinon l'un des juges de l'enfer égyptien, au moins le  *le supérieur du grand tribunal* [1]. L'enfer, le 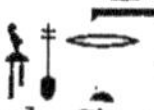 *bon Amenti* est souvent appelé  *la maison de Phtah.* C'est à Phtah, l'un des dix présidents des eaux sacrées dans lesquelles s'effacent les souillures, que sur le papyrus de Turin, l'âme du défunt s'adresse en s'écriant :  *je me purifierai dans l'eau par laquelle Phtah opère ses purifications* [2]. C'est la coudée, symbole de Phtah, que nous rencontrons dans le fameux titre *le proclamé juste* donné aux morts, lesquels sont proclamés justes, tantôt  *auprès du grand Dieu,* tantôt  *auprès d'Osiris,* tantôt  *auprès de Phtah* [3]. Enfin, c'est encore Phtah qui, sous le nom de Socharis, s'identifie avec Osiris, et devient ainsi la transition entre les dieux supérieurs et les dieux infernaux. La traduction *Seigneur de la Justice* est donc en quelque sorte une traduction naturelle, amenée par celle des fonctions de Phtah, qui nous est

1. La réunion de tous les titres de Phtah se trouve à côté d'une figure de ce dieu dans le tombeau de Ramsès I. Voy. le fac-simile de l'une des parois de ce tombeau exécuté par MM. Bertrand et Joret. Ce fac-simile est au Louvre.

2. *Todt.*, c. 45, l. 11.

3. Voyez les monuments funéraires, *passim.*

le plus connue jusqu'à ce jour. Mais, en dehors de ce rôle inférieur, Phtah, dans son essence, revêt un caractère plus général. Comme son dérivé copte ⲙⲏⲓ qui signifie tout ensemble *sagesse, justice* et *vérité* [1], MA° a en effet pour sens principal celui de *sagesse*, de cette sagesse qui contient et résume la vérité et la justice, ses deux plus belles manifestations. Le titre de Phtah, si fréquemment reproduit sur tous les monuments de l'ancien culte égyptien, est donc celui de *Seigneur de la Sagesse*, et cette traduction me paraît devoir d'autant mieux être adoptée qu'en résumé Phtah, en tant que Phtah, ne rend pas la justice, au tribunal de laquelle il ne préside que, parce qu'étant le Sage par essence, il est par là même le Juste. — Un autre titre tout aussi remarquable nous est fourni par ces mêmes monuments. *C'est moi,* dit Harsiésis dans un papyrus du Louvre [2], *c'est moi qui suis manifesté dans l'abîme des eaux célestes avec le dieu Soleil; c'est moi qui ai suspendu la voûte du ciel avec le dieu Phtah.* Autre part Phtah est appelé [3] *Phtah, le père des commencements, le créateur de l'œuf du soleil et de la lune.* Dans ce second rôle, Phtah est donc le Δημιουργός, *l'ouvrier;* il est le Vulcain égyptien, le premier des Cabires, le démiurge armé, comme dit M. Guigniaut [4], du marteau

1. Parthey, *Lex. copt. lat.*, p. 143.

2. Traduction de Champollion; voy. le texte, *Gr. Ég.*, p. 249.

3. Dans leur sens propre, les deux derniers caractères de cette inscription ne peuvent que désigner le soleil et la lune. C'est au sens dérivé que les deux termes , selon Horapollon (liv. II, chap. I), désignent l'*éternité*, comme dans l'inscription traduite par M. Devéria (*Noub.*, p. 22).

4. *Religions de l'antiquité*, etc., t. I, 2e part., p. 736.

créateur. — Ce n'est pas cependant que la création tout entière ait été attribuée à Phtah. Le Soleil lui-même apparaît quelquefois comme un autre démiurge, inférieur au précédent. Une stèle du musée de Berlin s'exprime à ce sujet dans les termes suivants : *l'Horus des deux horizons* (le Soleil), *le dieu unique, celui qui vit dans la vérité, celui qui a fait tout ce qu'il y a, le créateur des êtres, animaux et hommes.* Le Soleil, comme Phtah, a donc sa part dans l'œuvre cosmogonique. Phtah donne naissance aux deux grands astres régulateurs de la nuit et du jour ; au Soleil est réservée la création des êtres qui existent à la surface de la terre. Mais, à côté et même au-dessus de ces deux démiurges, apparaît un troisième dieu, présent comme les autres à la création. Son nom est NouM, transcrit Kneph, Chnoumis et Chnouphis par les Grecs. Ce nom, analogue à l'hébreu *Nouf, couler*, signifie *l'élément liquide*, et un titre très-fréquent de Chnouphis est en effet celui de *Seigneur de l'inondation*. D'un autre côté, NouM, comme le copte ⲛⲉϥ, ⲛⲓϥⲉ et l'arabe *nef*, a le sens de *souffle, esprit;* Plutarque et Diodore le traduisent πνεῦμα, tandis que, dans les hiéroglyphes, le bélier, symbole de Chnouphis, sert lui-même à écrire le mot dont la prononciation Baï et le sens *âme, esprit*, nous sont révélés par Horapollon[1]. Or, c'est ce même Chnouphis qui, dans la cosmogonie égyptienne, intervient comme le démiurge suprême, celui auquel était spécialement réservée la création des dieux. On lit, en effet, sur l'une des murailles de Philæ :

1. Horap., *Hiérogl.*. I, 6.

(Chnouphis) *celui qui fait tout ce qu'il y a, le créateur des êtres, le premier existant, celui qui fait exister tous ceux qui existent, le père des pères, la mère des mères*[1]. Dans une autre partie du même temple, Chnouphis est appelé ... *Chnouphis... le père des dieux, celui qui fabrique lui-même la mère génératrice des dieux;* et qu'autre part, enfin, on voit qu'il est celui qui engendre *les fils de sa race avec un bon souffle dans sa bouche*[2]. Chnouphis fut donc aussi l'un des agents de la création, et comme générateur des dieux, c'est même lui qui, selon une tradition conservée par Porphyre et Rufin, produisit de sa bouche l'œuf dans lequel le dieu Phtah avait trouvé la naissance. Chnouphis comme père des dieux, Phtah comme créateur des astres, le Soleil comme l'auteur des hommes et des animaux, seraient donc les trois démiurges. L'Égypte, à la vérité, en multipliant ainsi les principes démiurgiques, s'est peut-être trop éloignée des voies qui nous sont connues. Mais si un seul démiurge se montre dans la plupart des systèmes religieux, dans le néoplatonisme, par exemple, et surtout dans Plotin, l'un des maîtres de cette école célèbre, je ferai remarquer qu'une branche même du néoplatonisme a distingué précisément trois intelligences démiurgiques[3]. La

1. Synesius (Hymne III) a dit de même de l'Esprit infini :

Σὺ πάτὴρ, σὺ δ'έσσί μάτηρ
Σὺ δ'ἄῤῥην, σὺ δὲ θῆλυς.

Tu es le père et tu es la mère; tu es le mâle et tu es la femelle.

2. Sur ces textes, comparez Birch, *Gallery*, 1re partie, aux articles Phtah, Chnouphis, etc.

3. Proclus, *Com. Tim.*, 93.

tradition hébraïque, elle-même, n'a pas été bien loin de cette division. Mettant à l'écart le Soleil qui n'est pas dans les livres saints, nous voyons, en effet, surgir au plus lointain horizon de la Bible, les deux puissances que nous avons déjà reconnues comme des émanations de Dieu, l'Esprit et la Sagesse. Or, Phtah n'est-il pas aussi la Sagesse? « Lorsque le Seigneur « préparait les cieux, j'étais présente..., dit la Sagesse. Lorsqu'il « posait les fondements de l'abîme, j'étais avec lui... » Phtah, *le père du commencement, le Seigneur de la Sagesse,* n'est-il pas celui qui, au jour de la création, préparait les cieux en tirant du chaos le soleil et la lune? D'un autre côté, Chnouphis, le dieu antérieur à tous les dieux, l'esprit que les vignettes des papyrus nous montrent naviguant sur le liquide primordial, n'est-il pas l'Esprit de Dieu planant sur la terre informe et porté sur les eaux? La ressemblance des deux systèmes cosmogoniques est donc, en ce point, aussi voisine qu'elle peut l'être, et les trois démiurges de l'Égypte ne doivent plus, par conséquent, nous étonner. Quoi qu'il en soit, le double rôle de Phtah me semble maintenant bien démontré. « Le dieu des Égyptiens, » dit Jamblique, « quand il est celui qui accomplit toutes choses « avec art et vérité, s'appelle Phtah. » C'est là, en effet, la définition du rôle de Phtah, tel que les hiéroglyphes viennent de nous le montrer. En somme, Phtah est donc la Sagesse des Proverbes, coéternelle à Dieu; il est le démiurge de l'école d'Alexandrie, et l'image du Dieu qui, selon Platon, nous apparaît dans la Vérité et dans la Raison; en un mot, il est la sagesse active de Dieu, c'est-à-dire le λόγος θεῖος de Platon, existant de toute éternité et créateur du monde visible. Voilà quel est

Phtah. Maintenant est-il une révélation extérieure et visible du Dieu invisible, en d'autres termes, est-il ce que nous appellerons le Verbe? Je sais qu'aux yeux des néoplatoniciens et même de quelques-uns des premiers docteurs chrétiens, les attributs dont nous venons de voir Phtah revêtu sont ceux-là mêmes qu'ils ont donnés à leur Verbe. Mais si le Verbe de saint Justin, image de la Raison divine et architecte du monde, se rapproche de Phtah, il ne s'ensuit pas nécessairement que Phtah ait été le Verbe égyptien. Phtah, d'ailleurs, est si peu le Verbe, qu'après saint Justin et Athénagore, ce sont les attributs eux-mêmes de Phtah qui, presque sans altération, passant de la Raison divine à cette raison qui nous éclaire et nous guide, servent à distinguer le πνεῦμα προφήτικον, le souffle inspirateur de Dieu, en un mot, le *Spiritus*, bien différent du Verbe. Phtah restera donc le Logos de Platon, mais il ne sera pas le Verbe, révélateur spécial de Dieu. Pour trouver ce Verbe, il nous faut maintenant passer à la seconde des divinités dont nous poursuivons l'étude, et c'est ainsi que, par un enchaînement naturel d'idées, nous nous trouvons amenés en présence d'Osiris.

C'est la grandeur même de Dieu qui donne naissance à la théorie du Verbe. Dieu est, en effet, invisible et inaccessible par lui-même; laissez-le au fond de l'immensité dans laquelle il réside, et il est si grand que nulle intelligence humaine ne pourra le concevoir, et qu'à plus forte raison il ne pourra être vu par aucun œil humain. De là la nécessité d'un révélateur spécial de Dieu; de là le Verbe. Le Verbe proprement dit est donc Dieu rendu visible; il est le médiateur chargé de faire connaître Dieu à l'homme. Maintenant, le Verbe sera-t-il seulement le révélateur visible aux yeux de l'intelligence, et ne voit-on pas qu'en vertu même du propre rôle qu'il est chargé de remplir le Verbe ait été quelquefois conçu comme visible aux yeux du corps? La réponse à cette question n'est pas douteuse. Le Logos de Platon, qui n'est que la Raison divine, restera toujours une abstraction, tout aussi bien que l'Intelligence qui, dans le néoplatonisme, représente la seconde personne de la Trinité alexandrine. Mais le Verbe ne restera une abstraction que dans le secret des sanctuaires et pour les prêtres nourris de l'étude approfondie des dogmes; en dehors du temple, au contraire, la tendance du Verbe est de se dégager de plus en plus de l'abstraction et de devenir visible aux yeux de tous. D'ailleurs, n'en avons-nous pas une preuve dans ce qu'on appelle l'Incarnation du Verbe? L'Incarnation du Verbe n'est-elle pas la loi du Verbe poussée à sa dernière limite? Le Verbe fait chair n'est-il pas le Dieu visible et tangible, et par-là même, le Dieu deux fois Verbe? On peut donc comprendre le Verbe comme un être abstrait, abordable seulement par la raison; mais on le comprend aussi quand, fidèle à son origine, le Verbe descend des hauteurs de la métaphysique et se montre à l'homme sous une forme sensible. Le Verbe peut, par conséquent, selon les temps et les lieux, selon les traditions religieuses des peuples, peut avoir deux natures, l'une corporelle, l'autre incorporelle, l'une abstraite et l'autre visible. — Or, l'Égypte a réuni dans son Verbe les deux natures propres à l'essence du Verbe. L'Égypte supposait, en effet, comme la Phénicie, comme la Grèce et l'Italie, que l'âme universelle, cette grande âme, source de toutes les âmes qui animent nos corps terrestres, résidait dans la lumière, ou dans la substance ignée et lumineuse que nous nommons l'Éther. C'est dans l'Éther que les stoïciens mettaient l'intelligence de Jupiter; c'est dans l'Éther que Virgile, développant, par la bouche d'Anchise, l'une des doctrines de Pythagore, voyait le feu, principe dont nos âmes émanent et auquel elles retournent, et ce sera dans l'Éther aussi que la mythologie égyptienne placera le séjour des âmes. Les preuves de ce grand fait ne nous font pas d'ailleurs défaut. Le *Livre de la manifestation à la lumière,* c'est-à-dire le Rituel dont un exemplaire accompagnait chaque mort au tombeau, contient dans son titre seul l'énoncé de toute la doctrine développée à chacune des pages suivantes. « Les termes ReCHi, *pur,* » dit M. de Rougé (exprimé sur le phénix), « et CHou , *lumineux,* désignent dans le rituel « funéraire, l'état des âmes bienheureuses arrivées au terme « de leurs pérégrinations [1]. » *Si ce chapitre est récité,* dit la fin du 86e chapitre du Rituel, (le défunt) *sera manifesté à la lumière du Neter-Kher* (séjour des âmes); *il ira à la place où il doit être manifesté. Si ce chapitre n'est pas récité, il n'ira pas à la place où il doit être manifesté; il ne sera pas manifesté à la lumière* [2]. C'était donc dans la lumière que, selon les croyances égyptiennes, résidaient les âmes pures, celles qui, après les épreuves qui leur ont été imposées, étaient, sous la conduite d'Osiris, introduites dans la lumière éternelle. Or, cette lumière est l'image révélatrice du Dieu suprême. Si saint

1. *Inscriptions du tombeau d'Ahmès*, p. 60. Cf. de Rougé, *Mémoires sur quelques phénomènes célestes*, p. 23.

2. *Todt.*, c. 86, l. 8.

Jean à pu dire : *et vita erat Lux, et Lux erat vita, et Lux erat Verbum;* si, selon lui, le Verbe est la lumière qui éclaire tout homme venant en ce monde; si, d'un autre côté, la lumière est la puissance que, dans presque tous les systèmes religieux de la Grèce et de l'Orient, nous voyons en quelque sorte placée à la droite de Dieu comme son Verbe, nous pouvons dire qu'à son tour la lumière égyptienne est le Verbe égyptien. Le Verbe égyptien, dans sa forme abstraite, est donc cette lumière immatérielle et insaisissable, source de toute vie et de tout mouvement, dans le sein de laquelle rentraient, comme dans le sein de Dieu lui-même, les âmes des hommes vertueux. — Mais cette lumière, que saint Jean nomme *vita*, que Cicéron et Macrobe appellent *mens mundi*, n'est-elle pas aussi celle-là même qui, en s'unissant, comme dit saint Justin [1], au corps du Soleil, d'immatérielle qu'elle était devint matérielle? La lumière du soleil n'est-elle pas ainsi la substance du Verbe? En d'autres termes, le Verbe n'est-il pas aussi le Soleil? A côté du Verbe abstrait, conçu pour la méditation du sanctuaire, nous avons donc le Verbe corporel, c'est-à-dire le Soleil, source et foyer de toute lumière, et le plus magnifique révélateur de Dieu qu'un œil humain puisse contempler. Où, en effet, en cherchant autre part que dans les profondeurs de la métaphysique, où trouver une image de Dieu plus admirable que le Soleil? Pour l'Égyptien, attentif à l'ordre étonnant qui marque les phénomènes de la nature dont le Soleil est le régulateur, Dieu, se manifestant à l'homme, ne prend pas de plus belle

1. Justin, *Apolog.*, p. 384. H. Étienne.

forme que celle du Soleil, et c'est Dieu effectivement que, derrière cet astre à la fois si puissant et si prodigue de bienfaits, la raison de l'homme doit apercevoir. L'Égypte a donc vu dans le Soleil une image de son Dieu invisible, et le Soleil est devenu pour elle un Verbe. *Gloire à toi,* dit la stèle de Taphéroumès à Berlin [1], *gloire à toi, ô Soleil, enfant divin, qui prends naissance de lui-même chaque jour!... Gloire à toi, qui luis dans les eaux du ciel pour donner la vie!... Gloire à toi, ô Soleil! c'est lui qui veille et dont les rayons portent la vie aux purs!... Gloire à toi! lorsque tu circules dans la région supérieure, les dieux qui t'approchent tressaillent de joie!* Une autre stèle de Berlin appellera de même le Soleil *le premier né* [2] le fils de Dieu, le Verbe. Enfin, sur l'une des murailles du temple de Philœ on lit et sur la porte est du temple de Médinet-Abou, c'est-à-dire : c'est lui, le Soleil, *qui a fait tout ce qui est, et rien n'a été fait sans lui jamais,* ce que saint Jean, précisément dans les mêmes termes, dira quatorze siècles plus tard du Verbe : *omnia per ipsum facta sunt, et sine ipso factum est nihil.* En résumé, la lumière, dans sa double nature matérielle et immatérielle, sera donc le Verbe; voilà, selon la remarque de Philon, le véhicule par lequel Dieu agit sur l'univers; voilà l'agent qui relie le monde

1. Traduction de M. de Rougé; voy. *Essai sur une stèle funéraire de la collection Passalacqua.* Berlin.

2. D'autres monuments disent . Ces deux titres du soleil sont très-fréquents. Voy. le Mémoire de M. de Rougé sur *la Statuette naophore du Vatican, Revue archéol.*, avril 1851, p. 58.

à son auteur; par elle Dieu se manifeste à l'homme, soit que l'homme voie en elle le principe de l'âme qui l'anime, soit qu'à travers les splendeurs du Soleil il distingue le Dieu caché dans les profondeurs de son essence.

Mais la question, résolue dans ce sens, nous oblige, comme on le voit, à faire du Soleil Osiris, si nous voulons faire d'Osiris le Verbe. Or, si Osiris, dans l'acception entière du mot, n'est pas le Soleil, il est un *dédoublement* de cet astre qui, sous quelque nom que l'Égypte l'ait adoré [1], s'appelle [hiéroglyphes] *Ra* (*Phré* avec l'article) lorsqu'il accomplit au-dessus de nos têtes sa révolution diurne, et s'appelle [hiéroglyphes] HeSIRI, *Osiris*, lorsque, pendant la nuit, il passe sous nos pieds pour apparaître le lendemain à l'horizon oriental. Le Verbe est donc à la fois Phré [2] et Osiris, et quoique toujours la lumière, il prendra simultanément les formes de ces deux divinités. Peut-être même, qu'en creusant un peu plus profondément cette question, arriverons-nous à trouver le motif de cette double manifestation. Si Phré est en effet le soleil diurne, si, au contraire, Osiris est le soleil qui se cache au milieu des ténèbres et parcourt dans la solitude de la nuit les espaces qu'habite la mort, Phré et Osiris peuvent être regardés comme l'expression même de la destinée de l'homme, de son passage sur cette terre, et

1. Les monuments des anciennes dynasties paraissent le connaître sous le nom d'Horus. C'est le [hiéroglyphe] des inscriptions postérieures, qu'il ne faut pas confondre avec l'Horus, fils d'Osiris.

2. On voit par-là qu'*Ammon-Ra*, *Noum-Ra*, *Month-Ra*, *Sebek-Ra*, et en général toutes les divinités qui placent après leur nom celui de Ra, ne sont que les puissances de Dieu se manifestant par le Verbe.

de sa fin. Phré serait ainsi le Verbe vivifiant, celui qui donne la force et la croissance, tandis qu'Osiris deviendrait le guide de l'âme dans l'autre monde. Le Verbe égyptien, sous ses deux noms, arrive de cette façon à son véritable rôle de Verbe, c'est-à-dire qu'il devient tout à fait le type de l'homme et son médiateur auprès de Dieu. Cette grande doctrine n'est-elle pas d'ailleurs celle dont on trouve le développement sur ces milliers de monuments que le génie de Champollion nous a révélés? Que nous apprennent ces monuments? L'homme, au moment de sa mort, est comme le soleil qui, à la fin de sa course diurne, va disparaître et mourir en quelque sorte a l'horizon occidental. A peine le moment suprême est-il arrivé, que l'âme, dégagée de ses liens terrestres, rencontre Osiris qui s'empare d'elle pour la guider dans les régions mystérieuses qu'elle va parcourir. Mais le dieu ne se contente pas de marcher à côté de l'âme, ou de la précéder sur le chemin. Il s'identifie avec elle, et l'âme ainsi absorbée devient Osiris. C'est Osiris alors qui, au nom de l'âme qu'il doit sauver, se présente successivement devant les portes des demeures infernales et fléchit les terribles gardiens de ces portes. C'est lui qui, à chaque âme qu'il conduit, renouvelle son combat contre les animaux, compagnons ordinaires de la mort [1]. Puis, ces terribles épreuves franchies, l'âme est déclarée par Osiris lui-même exempte de souillures, et, comme le soleil qui, le matin, accomplit à l'horizon oriental sa nouvelle naissance, elle est enfin admise au sein de la lumière éternelle pour

1. Voyez le *Todtenbuch*, chap. 31 à 43, et chap. 144 et suiv.

commencer une nouvelle vie que cette fois la mort ne saura plus atteindre [1]. Voilà le fond de la doctrine égyptienne et la règle qui gouverne tout le système funéraire de l'Égypte. Osiris, pour me servir du mot de Platon, est donc le Bon. « Osiris, » dit Plutarque [2], « aime à faire du bien (ἀγα-« θοποιὸς), et son nom, outre plusieurs autres acceptions, « exprime, dit-on, une qualité active et bienfaisante. Le second « nom qu'ils donnent à ce dieu, et qui est celui d'*Omphis*, « signifie *Bienfaisant* (εὐεργέτης). » Autre part, le même Plutarque nous montre Osiris et Isis, son épouse, soit gouvernant l'empire du bien [3], soit présidant à l'intelligence, principe de tout bien [4]. « Isis, » dit encore Plutarque [5], « a un « amour inné pour le bon principe; elle le désire : elle « s'offre à lui pour qu'il la féconde. » J'augmenterais facilement le nombre de ces citations; je montrerais dans le nom si fréquent d'Osiris *Ounnofré*, *l'être bon* [6], le type de l'*Omphis*, le *bienfaisant* de Plutarque; je ferais voir que le nom vulgaire de Memphis *Mennofré*,

1. Voyez le résumé de ces doctrines dans la *Notice sommaire des monuments égyptiens du Louvre*, par M. de Rougé, p. 81 et suiv.

2. *De Is. et Osir.*, XLII.

3. Id. LIII et suiv.

4. Id. XLIX.

5. Id. LIII.

6. Ce nom est presque toujours enfermé dans un cartouche en souvenir du temps qu'Osiris a passé sur la terre. Je n'ai pas besoin de renvoyer le lecteur au Traité de Plutarque sur Isis et Osiris. Les doctrines que je viens d'énoncer s'y rencontrent à chaque page. Un autre titre également fréquent d'Osiris est celui de MeNKH. Les Grecs ont traduit ce MeNKH par Εὐεργέτης.

signifie, non pas *le port des biens*, (ὅρμος ἀγαθῶν), comme a traduit Plutarque [1], mais *le siége du bon*, ou *du bienfaisant*, parce que c'est à Memphis que résidait Apis, l'image d'Osiris; mais ces preuves n'ajouteraient rien à une conviction qui doit être déjà suffisamment formée. Osiris est donc le médiateur entre Dieu et l'homme; il est l'être bienfaisant par excellence; il est, comme l'appelle M. de Rougé, le type et le sauveur de l'homme après sa mort [2]; il est, par conséquent, le Verbe. — Quant à l'ensemble de toute cette doctrine, on voit comment l'Égypte, distinguant dès l'abord le Logos de Platon du Verbe, a fait de celui-ci la lumière, principe de nos âmes et première émanation de Dieu; comment, considérant le soleil comme le foyer de cette lumière, elle a mis en lui la source de toute vie; comment ensuite, dédoublant cette glorieuse manifestation du Dieu suprême, elle a vu dans Phré l'alpha et l'oméga de la vie humaine, puisque c'est de la lumière que sort notre âme et que c'est à la lumière qu'elle retourne, et comment enfin elle a vu dans Osiris le type même de l'homme conduit par le Verbe de Dieu à la vie éternelle. Nous connaissons donc maintenant Phtah; nous connaissons aussi Osiris, et, pour en revenir enfin, après ce détour un peu long, au taureau divinisé de Memphis, nous savons de quels rôles était chargés les divers personnages

1. *De Is. et Osir.* XX. Si *Men-Nofré* signifie le *Siége du Bon*, le cartouche si connu de Thoutmès III doit se traduire: *Soleil, siége du créateur*. C'est, comme on le voit, une formule qui résume toute la théorie du Verbe. On doit peut-être attribuer au sens philosophique contenu dans ce cartouche la coutume qu'ont eue les Égyptiens d'inscrire ce même cartouche sur des milliers d'objets, tous postérieurs à Thoutmès III.

2. *Notice*, etc., p. 101.

qui l'entourent. Il ne nous reste plus qu'à reprendre la question d'Apis au point où nous l'avions laissée à la fin de notre premier paragraphe.

Ce que je viens de dire sur la nature du Verbe explique la raison d'être d'Apis. Tant que le Verbe reste, soit une pure lumière émanant de Dieu, soit un agent représentant la grandeur et la puissance de l'Être par excellence, le Verbe peut demeurer, comme les autres émanations de Dieu, parmi les abstractions. Mais quand le Verbe devient un médiateur entre le monde et Dieu, quand surtout il se pose comme le protecteur et le bienfaiteur de l'homme, alors il a une tendance à quitter les régions de la métaphysique, à se rendre visible et sensible à l'homme, et même descendant encore plus bas, à venir vivre, habiter et mourir à côté de lui. De là l'incarnation du Verbe, c'est-à-dire le Verbe qui vient animer un corps; de là Apis. Apis, comme je l'avais annoncé, est donc le Verbe égyptien incarné [1]. Il est l'âme d'Osiris; c'est Osiris qui lui donne sa propre vie; mais je tiens à ajouter, pour mieux préciser l'état de la question, qu'Apis, tout image d'Osiris qu'il est, n'est pas fils d'Osiris, et que s'il tient sa vie de ce dieu, il tient sa chair de Phtah. Que nous apprennent, en effet, les textes grecs et les légendes hiéroglyphiques que nous avons eu occasion d'ana-

1. De même Mnévis est à Héliopolis une autre incarnation du Verbe. Le Verbe égyptien, sous sa forme de Phré, s'incarne donc dans Mnévis, tandis que, sous sa forme d'Osiris, il opère son incarnation dans le corps d'Apis. Les Pharaons, qui se proclament fils du Soleil, sont aussi des incarnations du Verbe, quoiqu'à un degré moindre qu'Apis, puisque la paternité charnelle était acceptée. Les mères des rois, comme on en peut voir de fréquents exemples sur les monuments, étaient cependant traitées avec un respect tout exceptionnel.

lyser au commencement de ce travail? Apis est l'image d'Osiris; il est Osiris lui-même. Mais, d'un autre côté, il est la *seconde vie de Phtah, le fils de Phtah,* tandis que, selon une tradition conservée par Hérodote, il a été conçu dans le sein de sa mère par l'opération d'un feu céleste. Que résulte-t-il de ces données, en apparence incohérentes et contradictoires? C'est qu'Apis était censé ne pas devoir la naissance à un taureau; c'est que, dans la conception d'Apis, l'œuvre charnelle était écartée de la mère qui, fécondée par un feu descendu du ciel, conservait sa virginité; c'est que ce feu, bien qu'emprunté peut-être à la lumière qui constitue la partie abstraite du Verbe, est le dieu Phtah lui-même se manifestant sous cette forme. Or Phtah, qui n'est le Vulcain de la Grèce que parce qu'il est le démiurge égyptien, Phtah est le Logos; il est la Raison divine, cette raison qui nous éclaire, nous inspire, et a été quelquefois prise pour l'Esprit lui-même, l'Esprit prophétique, distinct du simple Esprit, souffle de Dieu. Apis sera donc l'incarnation d'Osiris par l'opération de Phtah; c'est à Osiris qu'il devra son âme; mais c'est Phtah qui, prenant la forme d'un feu céleste, aura déposé dans le sein de la vache la semence d'où est sorti le corps du divin fils. En définitive, tel est Apis; tel est ce taureau célèbre dont les autels ont été debout pendant plus de trois mille ans. Ce ne sont donc pas de vaines doctrines qu'on enseignait au fond des sanctuaires dans lesquels Apis passait son existence. Nous avons vu la naissance d'Apis. A peine le dieu s'était-il manifesté que, de toutes parts, on se livrait à la joie comme si Osiris lui-même était descendu sur la terre. Le jeune dieu était amené à Memphis au milieu des fêtes, et installé en grande pompe dans le temple de Phtah. Là, l'Égypte entière se réunissait pour rendre hommage à ce dieu étrange dont Cicéron disait : « Eh quoi! les « Égyptiens ne révèrent-ils pas comme un dieu leur saint bœuf « Apis? » Mais l'Égyptien qui, d'un pas silencieux et recueilli, venait s'incliner devant le taureau divinisé, oubliait que la majesté de ce dieu n'était que celle du plus ordinaire des quadrupèdes; il saluait au contraire en lui le bienfaisant Osiris, celui qui, gardien des âmes, se montrait sous la forme d'un animal comme une preuve vivante de la protection de Dieu et quittait sa nature immortelle pour venir habiter une enveloppe sujette à la mort. Voilà ce que l'Égyptien voyait et adorait en Apis, et le sacrifice était, selon lui, d'autant plus grand, que la vie de son dieu devait, d'après les lois sacrées, se terminer à un certain âge par cette mort violente que nous ont révélée Pline, Ammien Marcellin et Solin [1]. L'Égypte cachait donc derrière le culte d'Apis un fond réel de philosophie et de morale. Je sais que les résultats que je viens de poser ne s'établissent pas toujours sans difficultés; je sais, par exemple, que, dans la conception d'Apis, la lumière fécondante pourrait aussi bien être la substance abstraite du Verbe, ce qui nous montrerait Osiris s'incarnant lui-même, et Phtah n'intervenant plus que comme démiurge fabricateur d'Apis, comme il l'était du Soleil. On choisira entre ces deux explications. Pour moi, sur de simples analogies que je demande la permission de ne

1. Voyez sur cette question tous les passages que j'ai réunis dans les *Renseignements sur les Apis trouvés dans les souterrains du Sérapéum*, § 3, Apis V, VI, VII, VIII, IX. — *Bulletin archéol.* de l'*Athenæum*, cahier d'octobre 1855.

pas énumérer, j'ai préféré la première, qui, du reste, ne différant de la seconde que dans une simple question de détail, n'intéresse pas l'ensemble du mythe d'Apis tel que je viens d'essayer de l'établir.

Nous voici arrivés au terme de notre course. La mère d'Apis occupe, comme nous venons de le voir, une trop grande place dans le culte de son fils pour que ce ne soit pas son image qu'on ait gravée en tête des procynèmes du Sérapéum. Je ne voulais pas, en résumé, prouver autre chose. Si, chemin faisant, nous avons recueilli quelques faits très-curieux, on m'accordera au moins que je m'en suis servi dans la juste mesure des droits de la science. Je n'estime pas, du reste, plus qu'elle ne vaut, cette singulière théologie égyptienne qui, commençant à Dieu, se termine, par le plus déplorable usage qu'un peuple ait jamais fait de doctrines sérieuses, à un vulgaire quadrupède qu'on nourrissait dans un temple magnifique transformé en étable.

Quant à Sérapis, dont le nom se présente naturellement ici, il est Apis mort. J'ai essayé d'établir ce point dans une lecture que j'ai eu l'honneur de faire devant l'Académie des inscriptions, et je crois que la question présente d'autant moins de doute que c'est précisément à ce résultat que, par une voie différente et en s'aidant des seuls textes classiques, M. Guigniaut, il y a déjà près de trente ans, était parvenu [1]. Sérapis est donc, non plus l'Apis vivant qu'on nourrissait dans le temple de Memphis, mais le taureau mort dont on vénérait la

1. *Sérapis et son origine*, dissertation jointe par M. Guigniaut au Tacite de M. Burnouf, 1828.

dépouille mortelle dans le temple élevé au milieu de la nécropole de cette ville. Or, Apis mort, c'est Apis uni à Osiris; c'est Apis ayant quitté son corps mortel et périssable, pour rentrer dans le sein d'Osiris et se confondre avec ce dieu; c'est le Verbe en quelque sorte revenu de son pèlerinage sur la terre. Sérapis, ou Apis mort, résume par conséquent en lui Dieu, Osiris et Phtah. Il est, comme on le voit, un Dieu en trois personnes, une véritable Trinité, analogue à celle de Platon, à celle de l'école juive de Philon, à celle de Plotin et des néoplatoniciens, mais distincte de la simple triade de Champollion. Aussi, quand l'empereur Adrien écrivait à Servianus, l'un de ses préfets : « Cette Égypte que tu me louais, je l'ai trouvée légère, incon- « séquente... Ceux qui adorent Sérapis sont chrétiens, et les « évêques chrétiens se disent dévoués à Sérapis... Un patriarche « est arrivé en Egypte : les uns l'ont dit adorateur de Sérapis, « les autres du Christ [1]...... », quand Adrien écrivait ces mémorables lignes, c'est que, sous le règne de ce prince, les partisans de Sérapis, confondant une fausse religion avec celle qui se levait comme un soleil pour éclairer le monde, se faisaient arme du moindre de leurs avantages, et, opposant doctrine à doctrine, proclamaient Sérapis un dieu Un, divisible en

1. *Ægyptum, quam mihi laudabas, Serviane carissime, totam didici levem, pendulam, et ad omnia famæ momenta volitantem. Illi qui Serapim colunt, Christiani sunt, et devoti sunt Serapi qui se Christi episcopos dicunt. Nemo illic archisynagogus Judæorum, nemo Samarites, nemo Christianorum presbiter, non mathematicus, non aruspex, no aliptes. Ipse ille patriarcha, cum Ægyptum venerit, ab aliis Serapidem adorare, ab aliis cogitur Christum. Cernes hominum seditiotissimum*, etc. (Flav. Vopisci Syracusii Saturninus, *Historiæ Augustæ scriptores sex*, *Lugduni Batav*, 1661, p. 958 et suiv.).

trois personnes. Voilà, sans plus d'explications, ce qu'était Sérapis, et ces quelques mots suffisent, ce me semble, pour montrer comment, dans le grand mouvement d'idées qui occupa les premiers siècles de notre ère et se termina, sous l'empereur Théodose, par la destruction du Sérapéum d'Alexandrie, Sérapis eut toujours une des places périlleuses du combat, et, bien que le plus âgé des combattants, resta cependant le dernier debout. Je n'en dirai pas plus. Nous venons de faire quelques pas en avant sur un terrain que, jusqu'ici, l'érudition classique avait seule parcouru. Si cette excursion a porté ses fruits, si maintenant l'histoire critique de tant d'écoles célèbres qui eurent l'Égypte pour foyer ne peut plus être écrite sans qu'on fasse à l'Égypte la part d'influence qui lui est due, si l'Égypte elle-même fait aujourd'hui entendre, au milieu de nous, cette voix puissante qu'écoutaient avec tant d'attention les Moïse, les Platon, les Eudoxe, les Pythagore, les Jamblique et les Porphyre, nous le devons à un homme dont, pour ma part, je ne prononce jamais le nom qu'avec le plus profond respect, au grand et immortel Champollion.

IV

Je relis mon travail, et je m'aperçois que la question qui fait l'objet principal des paragraphes précédents n'apparaît pour ainsi dire qu'à la dérobée, et derrière un grand nombre de questions de détail qui finissent par la cacher tout à fait à nos yeux. D'un autre côté, quelques assertions auraient besoin, je crois, de preuves plus abondantes ou mieux établies, tandis que la rigueur même des conclusions, mise en présence du caractère incertain et élastique de quelques-unes de ces mêmes preuves, semble nous autoriser à suspecter la solidité de l'édifice tout entier. J'ajoute donc ici une dernière section dans laquelle je résume toutes les discussions qui précèdent, en appelant l'attention sur les seuls points qui intéressent l'ensemble du mythe d'Apis, et qui, en même temps, me paraissent, autant que possible, à l'abri de toute contestation. Ces points sont les suivants :

1° L'Égypte crut à un Dieu unique, représentant lui-même l'ensemble de ses puissances, et représenté par chacune de ces mêmes puissances divinisées.

2° Les deux seules puissances dont nous ayons à nous occuper ici sont Phtah et Osiris.

3° Phtah a pour titre constant, sur les monuments de toutes les époques, celui de *Seigneur de la Vérité,* ou peut-être de *Seigneur de la Sagesse,* et il est, en même temps, le démiurge. Phtah s'attribue donc à peu près, dans la cosmologie égyptienne, le rôle du λόγος θειὸς dans le système de Platon, puisque le Logos de Platon est précisément la Raison divine qui organise le monde avec sagesse et vérité.

4° Osiris est *l'être bon* par excellence; des milliers de monuments le nomment *le bienfaisant,* et ce dernier nom est presque toujours écrit dans un cartouche en souvenir du temps que ce dieu avait passé sur la terre; c'est lui qui, pendant ce temps, après avoir comblé l'homme de ses bienfaits, avait péri victime des embûches de Typhon, ou du mal; c'est lui qui, descendu aux enfers, puis ressuscité au ciel, était devenu le guide de l'homme à la vie éternelle; c'est lui enfin qui, pour me servir d'une expression que j'ai déjà empruntée à M. de Rougé, était le type et le sauveur de l'homme. Si maintenant le Verbe, en théorie, est un révélateur de Dieu, s'il est un médiateur entre Dieu et l'homme, s'il est spécialement chargé de faire connaître la bonté de Dieu à l'homme et de préserver celui-ci des atteintes du mal, Osiris sera le Verbe du Dieu suprême, comme Phtah est sa raison active et organisatrice.

5° Apis est un taureau qui, vivant, avait à Memphis un

temple voisin de celui de Phtah, et mort, était enseveli dans un autre temple nommé par les Grecs Sérapéum.

6° Apis vivant était l'image d'Osiris, ou plutôt il était Osiris lui-même. C'est l'âme d'Osiris qui l'animait. Sa naissance était célébrée comme la théophanie d'Osiris; à sa mort on le pleurait comme si Osiris lui-même avait disparu de la terre. Apis est, par conséquent, Osiris sur la terre, c'est-à-dire qu'il est l'incarnation d'Osiris, ou du Verbe.

7° Mais, en même temps, Apis prend, par rapport à Phtah, un titre que paraît résumer, quoiqu'en l'exagérant, celui de *fils de Phtah,* tandis qu'Hérodote nous apprend que la conception d'Apis avait lieu par le moyen d'un feu céleste, probablement ce feu dont Phtah fut le créateur. Apis sera donc l'incarnation d'Osiris, mais il sera une émanation de Phtah; en d'autres termes, Apis, aura été conçu dans le sein de sa mère par l'opération du Logos.

8° La mère d'Apis, *qui ne peut en porter d'autre,* selon Hérodote, ayant été soi-disant fécondée sans le contact du mâle, était réputée vierge.

9° Quant à Apis mort, il était le Verbe revenu de son pèlerinage sur la terre, pèlerinage qu'il accomplissait sous la forme d'un taureau, c'est-à-dire du plus vulgaire des quadrupèdes; il était Osiris-Apis, Osorapis, et ce même Dieu que les Grecs ont révélé au monde sous le nom de Sérapis.

Tel est, réduit à son expression la plus simple, l'ensemble du mythe d'Apis. Résumé dans les propositions qui précèdent, cet ensemble me paraît établi sur des preuves suffisantes qu'on peut, je crois, accepter, en attendant que, dans un ouvrage spécial et de plus de portée, je puisse en mieux faire ressortir les différentes parties. Maintenant, le mythe d'Apis ne se compose-t-il que de ces propositions? Que devient, au milieu des développements dans lesquels nous venons d'être si longuement entraînés, le fameux cycle astronomique dont l'érudition moderne, avec une ardeur louable, mais peu réfléchie, avait cherché le symbole dans l'étable d'Apis? A quelle époque le culte du taureau divinisé fut-il introduit à Memphis? Quand et comment ce culte cessa-t-il d'être debout? Quelles modifications l'importation de Sérapis à Alexandrie apporta-t-elle au vieux sanctuaire de l'Apis de Memphis? En vertu de quelle force Sérapis devint-il le Dieu cosmopolite que chacun connaît? Ce sont là, comme on le voit, de graves questions, mais qui ne peuvent être débattues ici. Si je puis un jour publier le résultat de mes fouilles en Égypte, et faire connaître, dans une monographie complète et raisonnée de Sérapis, le point de vue sous lequel la science doit désormais envisager cette divinité célèbre, j'aborderai tous ces problèmes et j'essaierai d'en découvrir la solution. Jusque-là je dois me borner au simple programme qui précède, et à l'humble brochure que je mets sous la protection de ceux qui applaudissent à un travail, même entaché de quelques erreurs, quand ils savent que ce travail a été rédigé avec conscience et sous l'inspiration de l'amour de la vérité.

Paris, 14 juin 1856.

www.ingramcontent.com/pod-product-compliance
Ingram Content Group UK Ltd.
Pitfield, Milton Keynes, MK11 3LW, UK
UKHW020341220726
13923UKWH00004B/1528

9 782019 292768